Ursula Burckhardt

Seelenmomente

AF289002

Seelenmomente

Ursula Burckhardt

Bibliografische Information der Deutschen Nationalbibliothek: Die Deutsche Nationalbibliothek verzeichnet diese Publikation in der Deutschen Nationalbibliografie; detaillierte bibliografische Daten sind im Internet über http://dnb.dnb.de abrufbar.

1 Auflage

Lektorat: Ursula Burckhardt
Weitere Mitwirkende: HaBen Medienverlag Bernd Dunski
Titelfoto: German Müller

Verlag: BoD · Books on Demand GmbH, Überseering 33, 22297 Hamburg, bod@bod.de

Druck: Libri Plureos GmbH, Friedensallee 273, 22763 Hamburg

ISBN 978-3-8192-1098-3

Inhaltsverzeichnis

III

HAST DU MAL DARÜBER NACHGEDACHT

Hast Du mal darüber nachgedacht,
wer uns die Welt so schön gemacht?

Wer lässt für uns Natur in Fülle entstehen?
Wälder, Pflanzen, Berge und Seen?
Wer schuf den Menschen, jeder ist ein Unikat?
Welch ein genialer Gedanke, welch eine Saat!

Hast Du mal darüber nachgedacht,
wer uns die Welt so schön gemacht?

Es gibt auf der Welt den Regenwald,
es gibt Regionen, die sind eiskalt.
Und gleissende Sonnenglut,
fordert von der Wüste Tribut.

Hast Du mal drüber nachgedacht,
wer uns die Welt so schön gemacht?

Die bunten Farben von Tieren und Natur,
zeigen uns dieses Schöpfers Spur.
Und Mensch, besteigst du auch den höchsten
Berg,
so bist du doch ein kleiner Zwerg.

Hast Du mal darüber nachgedacht,
wer uns die Welt so schön gemacht?

So frohlocke meine Seele, ob all diesem Seh'n,
der Mensch, der wird es nie verstehn.
Angesichts von so viel Liebe und Pracht,
Mensch, hast Du darüber schon mal nachge-
dacht?

GRIPPEZEIT

Oh je, nun hat sie mich erwischt,
darauf war ich wahrlich nicht erpicht.
Eine Grippe macht sich breit,
lässt mir zum Reagieren keine Zeit.
Das Fieber steigt, der Kopf will zerspringen,
der Körper ist schlapp, die Ohren klingen.
Schweiß rinnt über meine Haut,
mein Immunsystem hat abgebaut.
Die Augen glasig, die Beine schwach,
der Hals tut weh, die Mandeln… ach…
Ich kann nicht mehr, geh in mein Bett,
mit Wärmeflasche und Eukalyptusfett.
Ingwertee stell ich mir hin,
Hühnersuppe ist im Topf noch drin.
Doch auch mit diesen Prozeduren,
dauert es acht Tage eine Grippe auszukuren.

EIN TRÖSTENDES WORT

Ein tröstendes Wort, einem Menschen in Not,
ein tröstendes Wort dem, dessen Welt aus dem
Lot.

Ein tröstendes Wort dem, der Menschenrecht
vergebens sucht,

Ein tröstendes Wort dem, der Macht nur für sich
verbucht.

Ein tröstendes Wort einem Menschen, der oft al-
lein,

ein tröstendes Wort einem Menschen im Alten-
heim.

Ein tröstendes Wort dem, der nichts hat zu ge-
ben,

ein tröstendes Wort dem, der nicht kann verge-
ben.

Ein tröstendes Wort, ehrlich und von Herzen ge-
meint,

ist eine Träne der Liebe, die Gott weint.

MASKENBALL

Wie vieler Masken bedarf das Leben?
Welche wurde abgelegt und welche neu gegeben?
Das Leben läd ein zum großen Maskenball,
viele Menschen haben Masken für jeden Fall.
Wie im Theater spielen sie dann ihren Part,
auf lustige, traurige oder komische Art.
Der Fundus an Masken ist groß und jederzeit
hält das Leben eine neue Maske für dich bereit.
Nur als Kind brauchst du sie nicht,
Kinder sind noch klar und im Gleichgewicht.
Eines noch und das ist Fakt,
die letzte Maske fällt im letzten Lebensakt.
Wir sind Akteure im Weltengrund,
Masken machen das Leben kunterbunt.
Ob Harlekin, Lebedame oder Kommandeur,
mit Masken als Tarnung ist das Leben nicht
schwer.
Vielleicht erkennt mancher am Schluss,
dass er nicht überall eine Maske tragen muss.
Bei der Demaskierung, wie man es nennt,

ist mancher Mensch sich plötzlich sehr fremd.

Kann sich nicht mehr hinter Masken verstecken,

muss jetzt zu sich stehn, sich selbst entdecken.

Drum stöbere Mensch jetzt schon mal in deinem Erdengepäck,

vielleicht kann die eine oder andere Maske heute schon weg.

DER SPIELER

Wieder mal war er im Casino die ganze Nacht,
heute hat er das letzte Tafelsilber ins Pfandhaus
gebracht.
Der Glimmer, der Glitzer der Spielerwelt
hat sein Leben komplett auf den Kopf gestellt.
Das Spielen beherrscht total sein Denken,
er glaubt, er könne das Zahlenglück selbst len-
ken.
Mit Black Jack und Roulette an verschiedenen Ti-
schen
versuchte er seine Geldkasse aufzufrischen.
Abend für Abend steht er immer dort
an diesem mystisch, magisch, unheilvollem Ort.
Schweißgebadet mit zitternden Händen
starrt mit leerem Blick er zu den spiegelnden
Wänden.
Ein milchig trüber Spiegel wirft Stück für Stück,
die Kontur seines eigenen Schattens zurück.
Auch in dieser unseligen Nacht
hat der Einsatz ihm kein Glück gebracht.
Es meldet sich das schlechte Gewissen,

sein Bett ist schon lange nicht mehr sein Ruhe-
kissen.

Als frühmorgens er seinen Heimweg begeht,

die Sonne schon über dem Berge steht.

Seine Verzweiflung die ist groß,

die Situation fatal, fast hoffnungslos.

Da setzt er sich auf eine Bank, schließt seine Au-
gen

und denkt weinend: das Leben sollte zu mehr
doch taugen.

Nach langem Sitzen und Grübeln hat er das Ge-
fühl,

dass er jetzt weiß, was er ändern will.

Er erhebt sich und nimmt in eiligem Schritt

seinen ganzen Mut, seinen Stolz und auch seine
Hoffnung mit.

ES LENZT DER FRÜHLING

Es lenzt der Frühling ungemein,
flirtet mit hellem Sonnenschein.
Er sprenkelt aus seiner Farbpalette,
Kleckser auf Pflanzen um die Wette.
Lauer Wind dirigiert in DUR,
den Frühlingswalzer der Natur.
Grün zieht jetzt Kraft aus der Erde,
dass alles Wachstum und Leben erneuert werde,
und der Mensch sich wieder darauf besinnt,
dass alles Sein immer wieder von vorne beginnt.

EINE WEIßE ROSE

Eine stolze Rose weiß und frisch,
bekam ich zur Erinnerung an dich.
Zur Erinnerung an einen Menschen der mir
nützte,
der mir Halt war und mich stützte.
Zur Erinnerung an gute und schwere Tage,
an denen wir füreinander sorgten, ohne Frage.
Nun bist du gegangen, hast den Lebenskreislauf
geschafft.
Die weiße Rose erinnert an dich, gibt mir Kraft.
Sie steht mit ihrem Weiß für Frieden,
der sei nun dir und auch mir beschieden.
Die weiße Rose so rein und klar
bekam ich, als ich an deinem Grabe war.
Wenn Traurigkeit liebevoller Erinnerung weicht,
hat sie für mich ihren Zweck erreicht.
Denn alles hat seine Zeit, die Freude und die
Trauer,
nichts ist auf dieser Welt von ewiger Dauer.

FRÜHLINGSREIGEN

Die ersten warmen Strahlen der Sonne,
lassen schwinden des Winters Gesicht.
Alle Lebewesen merken es mit Wonne,
Der Frühling ist in Sicht.

Wo gestern noch des Schnees ganze Pracht,
die lange bedeckte das ganze Land.
Beginnt ein Aufleben fast über Nacht,
es weht des Frühlings Band.

Schneeglöckchen noch mühsam aus der Erde
sprießen,
doch unverkennbar schön.
Auch Weidekätzchen Anblick kannst du genie-
ßen,
hast Mensch du es schon gesehn?

Wintererika trägt noch ihr Kleid,
in Spitzen von Bäumen und Büschen treibt der
Saft,
vorbei ist die lange Wartezeit,
überall zeigt sich neue Lebenskraft.

Im Dachsbau herrscht schon Emsigkeit,
Vogelgezwitscher durchdringt den Raum.
Alles Wachsen und Leben braucht seine Zeit,
ich träume einen bunten Frühlingstraum.

Die Menschen finden wieder Lachen,
und ob all diesem Geschehen.
Gilt es die Augen aufzumachen,
denn Natur erleben heißt Gott zu sehen.

NATURGESUNDHEIT

Mit mir allein in Ruhe,
wandere ich durch die Natur.
Sie ist für mich lebenswichtig,
eine Seelenhymne in DUR.

Farben nähren meine Augen,
Düfte betören meinen Sinn.
Dankbarkeit stellt sich ein
und Frieden. Ja, ich bin!

Ich bin Teil des Zeitgeschehens,
genieße bewusst diese Schau.
Spüre Lebenslust und Freude,
im tristen Alltagsgrau.

MORGENKONZERT

Ein herrliches Konzert
mich weckt am frühen Morgen.
Das Aufstehen fällt recht leicht,
ganz ohne Alltagssorgen.

Ein Vogelchor im Garten
der stimmt ein Loblied an.
Eine Hymne auf den Frühling,
zur Freude für jedermann.

DER FRÜHLINGSMALER

Wolkenspiel auf Himmels Blau,
Wiesen noch bedeckt vom Morgentau.
Krokusse setzen Farbakzent,
glücklich der, der des Frühlings Farben kennt.

Narzissenblüten gelb wie die Sonne,
bunte Tulpen, welche Farbenwonne.
Schneeglöckchen mit weißen Hauben,
lassen mich an Frühlingsbeginn glauben.

Blatt und Blütengrün sanft entfaltet,
Grünkraft die Natur gestaltet.
Farbenkleckse die der Frühling malt,
gratis, frei und unbezahlt.

Als hätte der Himmel die Erde berührt,
hat fleißig er seinen Malpinsel geführt.
Um Augen und Seele zu imponieren
und uns in ein Märchen zu entführen.

EIN BLAUES VEILCHEN

Ein dunkelblaues Veilchen
sah im Grase ich stehn.
Es reckte hoch sein Hälschen,
war klein und augenschön.

Mein Herz hüpfte vor Freude,
es läutet den Frühling ein.
Es ruft herbei die warmen Tage
in seinem jungen Erdensein.

So will den Lenz ich grüßen,
singe mit wohliger Lust.
Mit dem Veilchen zu Füßen
ein Dankeslied aus voller Brust.

TANZEN WILL ICH

Tanzen will ich,
will Leichtigkeit leben.
Tanzen lässt mich kurze Zeit
einfach dem Alltag entschweben.

Tanzen will ich,
es tut meiner Seele gut.
Will zu lebhafter Musik,
spüren das Feuer im Blut.

Tanzen will ich,
spüren das ich lebe, bin.
Tanzen ist für mich das Schönste,
Tanzen gibt meinem Leben Sinn.

Tanzen will ich,
die Beine wirbelnd spüren.
Und dabei wie in einem Traum,
den Himmel einmal berühren.

Tanzen will ich,
in Anmut und mit Leidenschaft.
Tanzen ist's was meinem Körper
gutes Lebensgefühl verschafft.

Tanzen will ich,
will genießen jeden Schritt.
Und hast du jetzt Lust bekommen,
dann tanz doch einfach mit.

DER MAI IST GEKOMMEN

Wenn mild der Wind durch Bäume streicht,
grüne Farbe in der Natur Intensität erreicht,
wenn Sonnenstrahlen Wärme geben,
wenn überall pulsiert das Leben,
wenn Flieder betörenden Duft verschwendet,
und die Zeit der Tulpen endet,
wenn Erdbeeren mit roter Farbe locken,
Spargelstecher auf den Feldern hocken,
wenn Geranien werden in Kästen gepflanzt,
die Liesel mit dem Johann tanzt,
unterm Baum zu munterer Melodei,
dann ist er da, der Wonnemonat Mai.

DER OSTERHASE

Ostermorgen, meine Gefühle gemischt,
mal wieder ist mir der Osterhase entwischt.
Wie oft schon wollte ich mich bedanken,
ihm eine Möhre geben um Kraft zu tanken.
Überall hat er wieder die Eier versteckt,
ich habe sie alle im Garten entdeckt.
Unter die Hecke ist er gekrochen,
hat auf dem Baum einen Ast abgebrochen.
Nur um mir eine Freude zu machen,
„so ein Schelm" denke ich mit Lachen.
Bunte Eier liegen in unserer Regenrinne,
sogar neben dem Netz einer schwarzen Spinne.
„Herr Osterhase" ruf ich voll Plaisir,
„du bist der Beste, ich danke dir."
Und wieder fasse ich den Entschluss,
dass ich ihn nächstes Jahr unbedingt kennenler-
nen muss.

EIN SPIEGELBILD DES MENSCHEN

Ach was sind wir Menschen hernieden,
doch so vielseitig und auch verschieden.
Es gibt die, die immer brummen,
ihr Leben lang kein Liedchen summen.
Es gibt solche, die meinen alles zu wissen,
die sich überall einmischen müssen.
Es gibt Menschen die missbrauchen ihre Macht,
sinnen auf Rache bei Tag und bei Nacht.
Andere jagen nur dem Geld noch hinterher
meinen, dass das die höchste Erfüllung wär.
Es gibt die, die nur zetern und keifen,
sich als kleine Könige der Welt begreifen.
Es gibt Menschen die suchen auf Schritt und
Tritt,
Fehler nur bei anderen, nur nicht im eigenen Be-
ritt.
Wiederum andere schauen sich das Spektakel an
wissend, dass man Menschen nicht ändern kann.

Doch, es wäre sehr vermessen
würde man die Menschen vergessen,
die Gutes tun und Liebe leben,
die stets ein offenes Ohr haben und gerne geben.
Die, die erkennen, dass es sich lohnt,
alles zu achten und zu ehren, wo eine Seele drin
wohnt.
Wir müssen die Menschen nehmen wie sie sind,
den Alten, den Schwachen, den Starken, den Behinderten
und das Kind.

FREUNDSCHAFT

Der Mensch, auf dessen Verschwiegenheit ich
baue,

der Mensch, dem ich meine Sorgen anvertraue,

der Mensch, der für mich da ist, bei Tag und bei
Nacht,

der Mensch, der mit mir weint und auch lacht.,

der Mensch, der mich wortlos versteht,

der Mensch, der mit mir durch Freud und Wirren
geht,

der Mensch, mit einem stets offenen Ohr,

der Mensch kommt auf der Welt nur einmal vor.

Der Mensch, der mich tröstet und mir vergibt,

der Mensch, der meine Stärken und Schwächen
liebt,

der Mensch, der immer mit mir leidet,

der gerecht ist, und mir nichts neidet,

der Mensch, der meine Macken respektiert,

der neben mir geht, mich im Getümmel nicht
verliert,

dieser Mensch, der ist es wert,

dass ihm meine FREUNDSCHAFT gehört.

DIE HUMMEL

Eine dicke schwarze Hummel,
tätigte frühlingstrunken einen Ausflugsbummel.
Sie trank alle Blütenkelche aus,
der bunten Frühlingsblumen vor meinem Haus.
Gierig saugte sie ein den Saft,
denn Nektar, der gibt Muskelkraft.
Immer kürzer hörte man noch ihr Gesumm,
zu guter Letzt eierte sie nur noch rum.
Sie war dick und konnte nicht mehr fliegen,
also blieb sie erschöpft am Boden liegen.
Sicherlich hatte sie vergessen,
Wer Gutes genießen will, sollte langsam essen.

DER ALTE KIRSCHBAUM

Unterm alten Kirschenbaum,
der in weißer Blütenpracht steht,
sitze ich auf einer Bank
und grüble nach, wie die Zeit doch vergeht.

Einst, als in weißer Blüte er stand,
hielt mein Liebster an um meine Hand.
Viele Feste wurden hier gefeiert, in froher Runde,
gerne denke ich zurück an manch glückliche
Stunde.

Vor Jahren, als unsere Kinder noch klein,
sollte er uns stets mit seinen Früchten Glücks-
bringer sein.
Hier tobten sie, kletterten um die Wetten,
und fielen abends glücklich und tot müde in ihre
Betten.

Der Baum sah Leben und Vergehn,
musste so manch schweren Sturm überstehn.
Doch, feste verwurzelt in der Erden,
konnte ihm nichts gefährlich werden.

Auf des Baumes starkem Geäste,
sind heute die Enkelkinder Gäste,
Und ich, ich spüre es immer mehr,
langsam werde auch ich knorrig und alt wie er.

DIE ALTE BAUMSCHAUKEL

Nahe der Quelle auf einer Lichtung am Wald,

gibt es eine Baumschaukel, die ist schon sehr alt.

Gleich nebenan ist eine Kapelle entstanden,

gestiftet von Verliebten, die hier zusammenfanden.

Die Schaukel ist allen Liebenden geweiht.

Auch wir verbrachten hier unserer Jugend Zeit.

Die Schaukel wiegt sich sanft zwischen 2 Tannenbäumen,

dort saßen wir oft und erzählten uns von unseren Träumen.

In den Stamm der Tannen sind unsere Namen graviert.

Was ist in der Zwischenzeit nicht alles passiert?

Die Schaukel ist heimlicher Treffpunkt auf dem Berge oben,

mit großem Vertrauen wir uns dort ewige Treue geloben.

Später ritztest du den Namen von unserem Kinde,

in eben dieser Tannenbäume Rinde.

Wie gerne würde ich diesen Ort noch einmal sehn,

merke ich doch, wie schnell unsere Jahre vergehn.

Wir sind heute zu alt und mal ganz ehrlich,

der Weg bergauf wäre für uns viel zu beschwerlich.

Ich schaue dich an, lächle dir zu, mein geliebter Schatz!

In Gedanken besuche ich ihn noch oft, unseren magischen Platz.

SONNENFANTASIEN

Sanfter Windhauch streift den Körper,
als ich in der Sonne liege,
mit geschlossen Augen den Vögeln lausche,
bis ich hoch ins Endlos fliege.

Gedanken malen einen Regenbogen,
den lauf ich entlang.
Immer höher, leichter, schöner,
bis ich hör der Engel Gesang.

Irritiert sind meine Sinne,
will nicht mehr zurück.
Bleiben hier und in der Stille,
preisen nur das große Glück.

Doch mir ist es nicht vergönnt,
länger zu verweilen.
Hab noch Aufgab auf der Erd,
die kann ich mit keinem teilen.

Warmer Regen fällt hernieder,
trunken ist der Augenblick.
Gerne denk ich immer wieder,
an den schönen Traum zurück.

HALTE MICH

Halte mich, wenn dunkle Wolken über mir stehen,
halte mich, wenn ich die Sonne nicht mehr kann sehen.
Halte mich, wenn Nebel auf der Seele liegt,
halte mich, wenn es keine Hoffnung mehr gibt.
Halte mich, wenn meine Worte versagen,
halte mich in dunklen trüben Tagen.
Halte mich, wenn kühler Wind mich umweht,
halte mich, wenn Erinnerung verloren geht.
Halte mich, wenn meine Tränen fließen,
halte mich, wenn sich meine Augen schließen.
Halte mich, sei bei mir,
für deinen Halt danke ich dir.
Halte mich in harter Zeit,
halte mich, ich bin bereit.

BLUMENWIESE

Sauerampfer und Zittergras,
Butterblumen, welch ein Spaß.
Arnika und Küchenschellen,
grüne Wiesen bunt erhellen.
Honigklee, Vergissmeinnicht,
alles ist aus meiner Sicht,
mit Primeln, Margariten und anderen Arten,
ein Blütenmeer in Gottes Garten.
Auch ein stolzer Apfelbaum,
zeichnet diesen Sommertraum.
Bienen und Hummeln summen im Chor,
das Hohelied der Schöpfung für des Wanderers
Ohr.
Und Kuckuck ruft's vom Waldesrand.
Frieden ist es, den auf der Alm ich fand.

LEUCHTENDE RAPSFELDER

Von Weitem schon seh ich die Farben,
goldenes Gelb auf himmelblau.
Auch sattgrüne Streuobstwiesen
wirken mit in dieser Zauberschau.

Apfelbäume weiß in Blüte
laden zum Fotografieren ein.
Leuchtend gelbe Rapsblütenfelder
speichern warmen Sonnenschein.

Genieße dies Naturgeschenk
mit allen meinen Sinnen.
Brauche jetzt niemanden zum Reden,
wende mich ganz ruhig nach innen.

Ich spüre der Seele Entzücken,
bin dankbar für all dieses Sehn.
Kann hoffentlich bald schon wieder,
diesen schönen Naturweg gehn.

ICH WOLLT ICH WÄR EIN ENGEL

Ich wollt, ich wär ein Engel,
ein Engel mit goldenem Haar.
Mit einem Gewand aus Seide,
wär das nicht wunderbar?

Mit Flügeln auf dem Rücken,
flöge ich rund um die Welt.
Besuchte auch andere Sterne,
so hab ich mir das vorgestellt.

Vielleicht dürfte ich auch nützen,
einem Menschen, der in Not.
Ich brauch nichts zu besitzen,
nur Frieden und Freude im Angebot.

Doch, wenn mich keiner sieht und hört,
wie einsam wird das sein.
So bleib ich lieber auf der Erd
und träum vom Engelsein.

KEIN LACHEN MEHR

Wie traurig wär's auf dieser Welt,
wenn der Mensch sein Lachen einstellt.
Die Blicke wären ernst und starr,
einzig die Zornesfalte wäre da.
Die Lippen wirkten schmal und spitz,
keiner erzählte mehr einen lustigen Witz.
Die Zähne brauchte man nicht mehr putzen,
um sie als Blickfang beim Lachen zu benutzen.
Ernst wäre es auf der Welt und auch sehr roh,
deshalb bin ich selig und froh.
Will Gebrauch vom Lachen machen,
blödeln über tausend Sachen.
Meine Zähne will ich gerne zeigen,
lachen bis mir Tränen in die Augen steigen.
Ich weiß woher meine Falten kommen,
denn die haben zugenommen.
Lache auch Du so oft es geht,
wenn du nicht mehr lachen kannst,
ist es meistens zu spät.

STEG ÜBER DAS MOOR

Mit viel Respekt betrete ich den hölzernen Steg
 über das Moor, mein heutiger Weg.

Mein Ziel ist noch weit, ich kann es nicht sehn,

doch will mutig und freudig ich ihm entgegen
gehn.

Sonne umhüllt mich läd mich ein,

ein Pilger durch die Natur zu sein.

Ich geh voran mit allem Mut,

die Ruhe tut der Seele gut.

Da hör ich nah den Kuckuck schrein,

einige Vögel stimmen in dieses Konzert mit ein.

Ein Frosch quakt im Schilf mit vielen Artgenos-
sen,

viele bunte Libellen sind an mir vorbeigeschos-
sen.

Mit allem Zwitschern und Tirillieren im Ohr,

kommt mein Weg mir nicht mehr so einsam vor.

Noch immer seh das Ende des Steges ich nicht,

während die Sonne sich bunt auf dem Wasser
bricht.

Ein Schwan brütet in geringer Nähe,

was ich vom Steg aus sehe.

Wie viele Insekten und anderes Getier,

sind wohl jetzt im Schilfrohr unter mir?

Ein Perlhuhn schwimmt hektisch, auf der Suche
nach Futter

es ist wohl die Perlhuhnmutter.

Ihre Küken sind noch im Neste,

freuen sich auf Essen und nur das Beste.

Mein Weg geht weiter, doch auf einer Bank, die
einläd zum ruhn,

will auch ich etwas gegen den Hunger tun.

Dann geht's weiter mit festem Schritt,

als ich einen Schwan brüten seh, in seinem Beritt.

Er steht kurz auf um sich zu stylen

Ich muss innerlich lachen und kurz hier verweilen.

Drei große Eier liegen im Gelege,

welche Herzensaufgabe, welche Pflege.

Und weiter geht's, da seh ich in der Ferne den See.

Mein Herz klopft heftig, ich sprech leise in die Höh

ein kleines Gebet des Dankens für all dies Erleben,

wie reich bin ich beschenkt in meinem Leben!

DAS DINGS

Oh je, oh Schreck,
 das… Dings ist weg.
Wo kann es sein,
 ich weiß es nicht.
Der Tag scheint gelaufen,
bringt mich aus dem Gleichgewicht.

Und das gleich am frühen Morgen,
als hätte ich nicht andere Sorgen.
Das… Dings, wo kann ich denn noch suchen?
In der Küche, hinter Tellern und dem Kuchen?

Nein, ich kann es hier nicht sehn,
werde mal ins Esszimmer gehen.
Doch auch hier gibt's keine Spur,
Schweiß bricht aus, als Laune der Natur.

Das… Dings, ich hatte es gestern noch in der
Hand.
Unter der Tischdecke, auf dem Boden, ich seh
kein Land.

Muss mich beeilen, muss zum Friseur,
das dumme… Dings zu finden ist schwer.

Dann suche ich in Büro und Schlafgemach,
vorüber ist bereits eine Stunde vom Tag.
Es steigt das Adrenalin und die Wut,
ohne das… Dings komm ich nicht weg,
mir gehts nicht gut.
Was ist wenn ich's jetzt endlich fände,
dann wäre die Reimerei zu Ende!
Da fällt mir der Antonius ein,
er soll ja der Hellseher fürs Finden sein.
„Antonius hilf du guter Mann",
zeig mir, wo ich das… Dings da finden kann."

Ein kurzer Blick ins Kinderzimmer,
mein Befinden wird immer schlimmer.
Da seh ich auf Benjamin Blümchens Rüssel
liegen das… Dings da… meinen Autoschlüssel!!

Drum denkt daran, wenn du was vermisst,
dass Antonius der Finder aller Dinge ist.

IDYLLE AM TEICH

Es flog eine bunte Libelle
durch die Luft ganz schnelle.
Sie landete grazil und weich
auf einer Seerose im Teich.

Dies konnte ein Frosch in grün,
von seinem Uferplatz aus sehn.
Dann wandte er sich in aller Ruh,
wieder den Wasserläufern zu.

Zwischen Bambus und braunem Rohr
dringt Entengeschnatter ins Ohr.
Die Mutter ruft die kleine Meute
läd sie zu einem Ausflug heute.

Dies beobachtet vom Ast ne Meise
singt freudig eine Sommerweise.
Andere Vögel stimmen mit ein,
so schön und friedlich kann Leben sein.

Es ist wahr und nicht gelogen,
da kommt ein Reiher angeflogen.
Der Frosch der springt ins feuchte Nass
beendet sind Idylle und Spaß.

Goldfische und Forellen
blitzschnell in die Tiefe schnellen.
Und die Moral von dem Gedicht:
Es gibt das Glück, doch lange währt es nicht.

IM WARTEZIMMER BEIM ARZT

Heute morgen, ich darf es nicht vergessen,

muss ich zum Arzt zum Blutdruckmessen.

Gleich um die Ecke wohnt Dr. Pille,

noch herrschen im Wartezimmer Ruhe und Stille.

Die Zeitschriften liegen geordnet auf dem Tisch,

die Zierpflanzen sind gepflegt und wirken frisch.

Da füllt sich der Raum, die halbe Nachbarschaft
ist hier,

begrüßen mich herzlich mit „ach, du auch hier?"

So rasch wie man mich hat begrüßt,

sich nun das Thema Diagnosen und Therapien
ergießt.

Jeder weiß was beizutragen,

ob Gallensteine oder kranker Magen.

Ob dickes Blut oder hohes Cholesterin,

das bekommt man mit Apothekenarznei wieder
hin.

Außer, es geht einem wie Fr.Bindermann,

die vor Leibesfülle nicht mehr laufen kann.

Hr. B. erzählt von seinen vielen Operationen

meint, dass sie sich nur zu Doktors Wohl noch
lohnen.

Fr. K. will ihre Tabletten reklamieren,

weil sie ihren Teint ruinieren.

Nützen würden sie wahrlich nicht,

davon bekäme man nur Pickel ins Gesicht.

Was mache Hr. C. den man lange nicht gesehn,

man sähe seine Frau oft alleine spazieren gehn.

Fr. U. würde ihren verstorbenen Mann wohl sehr
vermissen,

aber das Erbe sei ja auch ein gutes Ruhekissen.

Wie schön wäre jetzt eine Redepause

oder besser noch, ich wäre wieder zu Hause.

So geht es dann noch eine ganze Weile

und ich schreibe nur noch diese Zeile:

Verbring nicht zu viel Lebenszeit im Wartezimmer,

sonst wird dein Befinden immer noch schlimmer.

DIE WALDAPOTHEKE

Wenn mich mal ein Zipperlein plagt,
Hektik meinen Alltag jagt,
dann zieh ich mich an, geh in den Wald,
wo mein Seufzen schnell verhallt.
Die Ruhe dort heilt des Augenblicks Zeit,
Frieden macht die Seele weit.
Drum ist der Wald, wie ich ihn kenne,
Naturmedizin, wie ich es nenne.
Blätter, Pilze, Farn und Moos,
auf weichem Grund laufen ist famos.
Rein und sauerstoffreich ist des Waldes Luft,
frei der Kopf und alle Sorgen verpufft.

TAUBENLIEBE

Zwei Tauben gurren auf dem Dach,
und machen mich früh morgens wach.
Der Taubenmann balzt um die Braut,
die sich fast nicht zu bewegen getraut.
Er stolziert voran mit dickem Hals,
guru, guru, eröffnet ist die Taubenbalz.
Es wird geschnäbelt, kokettiert,
auch wenn er fast einmal die Balance verliert.
Keinen Schritt kann die Arme mehr alleine tun,
ohne sein Hochzeitslied nicht mehr ruhn.
Der Taubenmann wird nicht müde, seinen An-
trag zu wiederholen,
sie beobachtet ihn nervös und nickt etwas ver-
stohlen.
Das Leben fügt zusammen, was nicht alleine blei-
ben kann,
so auch Taubenfrau und Taubenmann.
Die Liebe ist eben auf dieser Welt,
die schönste Erfindung unterm Himmelszelt.

IN DER KONDITOREI

Willkommen in der Konditorei,
die nicht geizt mit seltenen Düften.
Wo aus Schokolade und Ei,
das Gold entsteht für unsere Hüften.

Kardamom, Muskat und Zimt,
es wird viel experimentiert.
Damit die rechte Mischung stimmt,
die unsere Gaumen verführt.

Aus aller Welt kommt der Kaffee,
mit Sahne oder schwarz getrunken.
Aus Indien der Assam Tee,
dazu Apfelkuchen, der versunken.

Magst du lieber Käsekuchen,
Birnen oder Kirschentorte?
Cremekuchen, musst du versuchen,
Gaumenspaß wiegt mehr als Worte.

Es wird kreiert und ausprobiert,
da Süßes die Stimmung erhellt.
Der Konditor ist's der uns verführt,
mit seinen Kuchen, den Besten auf der Welt.

BAUMGESICHTER

Du kennst die Bäume anmutig und schön,
die im Walde oder auf den Wiesen stehn?
Die klein oder groß, breit oder schmal,
die Wege säumen oder das Tal?
Du kennst ihre Blätter und ihre Früchte,
vielleicht dazu die eine oder andere Geschichte.
Ich glaube aber eines weißt du nicht,
oft hat ein Baum ein Menschen ähnliches Ge-
sicht.
Das mal schmal und auch mal rund
Augen hat und auch einen Mund.
Es kann auch sein, es trägt ein Horn,
oben auf der Stirne… Vorn!!
Und denkst du jetzt, ich erzähle Seemannsgarn,
schau dir die Bäume mal genauer an.
Vielleicht, bei dem einen oder anderen Gesicht,
denkst du dann zurück an mein Baumgedicht.

GELIEBTE SONNE

Geliebte Sonne aus fernem Reich,

umarmst mich, einer Schwester gleich.

Du schenkst Licht und Helle unserer Erde,

hilfst, dass alles Wachstum und Blühen erneuert werde.

Du sorgst für bunte, satte Farben,

durch dich sind die Jahreszeiten voller Gaben.

Du bringst Vögel zum Zwitschern, Menschen zum Lachen,

Sonnenschein kann Herzen aufmachen.

Du hilfst gegen Griesgrämig- und Übellaunigkeit,

du bist Medizin der Natur in Ewigkeit.

Wie grausig der Gedanke, dass acht Minuten genügen,

und wir ohne dein Licht wieder eine Erdeneiszeit kriegen.

Sonne, dich lieb ich, dich bete ich an,

bitte lass dein Licht noch lange für uns an.

UNWETTER

Wo gerade noch die Sonne am Himmel stand,
entwickelt sich ein dunkles Wolkenband.
Aufkommender Wind kündigt an,
dass der Regen nicht mehr fern sein kann.

Schon fallen erste dicke Tropfen,
die trommelnd auf das Hausdach klopfen.
Dunkel stehn Wolken überm Haus,
die Stimmung sieht bedrohlich aus.

Alles was auf Straßen und Gehwegen klebt,
wird vom starken Sturm einfach weggefegt.
Schräg peitscht Regen durch Garten und Flur
und hinterlässt eine Verwüstungsspur.

Helle Blitze zucken, Donner ertönt laut und lang,
Gewitter mag ich nicht, mein Herz klopft bang.
Der Sturm treibt Blüten, Äste, Stiele,
wirbelnd durch die Luft, ganz viele.

Auf den Straßen und hinterm Haus,
sieht's später wie eine Wildnis aus.
Dann treibt der Wind die Wolken weiter,
Sonne blinzelt wieder heiter.

Kühl ist jetzt die gereinigte Luft,
intensiv des nahen Lindenbaumes Duft.
Ich atme tief ein, danke für den nassen Guss
und sehe, dass die Natur wie ich empfinden
muss.

MANCHMAL

Manchmal musst du dich verbiegen,
willst du dein Lebenspensum hinkriegen.

Manchmal siehst du bitteres Leid,
gerade dann hast du keine Zeit.

Manchmal bist du genervt von Menschen und ih-
rem Tun,

dann kannst du vor Enttäuschung nicht mehr
ruhn.

Manchmal musst du dich wegen anderer bücken,

die ihre Lasten hieven auf deinen Rücken.

Manchmal kannst du es nicht fassen,

dass man , was man liebt, muss gehen lassen.

Manchmal kommt deine Reue zu spät,

denn man erntet stets, was man sät.

Manchmal glaubst du, dein Leben sei ohne Se-
gen,

doch vergiss nie, es gibt auch Sonnenschein im
Regen.

Dann ahnst du eine Hand, die dich schützt,

und du erkennst, dass dein Leben jemandem
nützt.

Dann fühlst du eine Liebe, die zart dein Herz umgibt

und du weißt gewiss, dass jemand da ist, der dich liebt.

WALDKONZERT

Hör nur, wie aus dem grünen Wald,
eine wunderbare Symphonie erschallt.
Die Amseln singen ganz Sopran,
immer die ersten Stimmen an.
Gefolgt von Spatzen und auch Meisen,
die lebhaft einstimmen in die Weisen.
Ein Specht klopft mit melodischem Tamtam,
ein Loch dazu in eines Baumes Stamm.
Herr Eichelhäher krächzt mittenrein,
will immer nur der Beste sein.
Fr. Nachtigall singt ganz entzückt,
als sie die kleinen Rotkehlchen erblickt.
Gemeinsam mit Hummeln und Bienen,
die im großen Chor die dunklen Töne bedienen,
ruft ein Kuckuck, melodisch und dezent,
hinein in ein Intermezzo, das nur der Wald noch
kennt.

UNTERM HOLUNDERBUSCH

Unter des Hollerbuschs üppiger Fülle,
genieße ich mit dir des blauen Sees Stille.
Amsel und Rotkehlchen zwitschern leise,
für uns auf ihre eigene Weise.
Entenpaare mit ihren Küken
schwimmen, gründeln, nasses Entzücken.
Neben Saiblingen und Forellen,
sieht man manches Fischlein im Wasser schnellen.
Vorbei schwirrt auch öfters eine Libellenfrau,
sie hält nach üppiger Beute Ausschau.
Einsam zieht ein weißer Schwan,
in etwas Entfernung auf dem See seine Bahn.
Das Ufer des Sees zieren Blumen, vielfältig und
bunt,
neben mir schlummert friedlich Bello, unser Hund.
Viele Hummeln und fleißige Bienen
sammeln Nektar für die, denen sie dienen.
Ich schaue dich an, kein Wort sich jetzt lohnt,
schön zu erleben, wer hier alles wohnt.

WOLKENSPIEL

Wolken malen Fantasien,
an des Himmels großem Zelt.
Zwischen kleinen Wolkenritzen,
blinzelt Sonne auf die Welt.

Gern seh ich dies Wolkenspiel,
das meine Gedanken bestimmt
und einen kühlenden Wind lässt wehen,
der alle Sorgen mit sich nimmt.

Fernweh macht das Herze schwer,
möcht so gern mit ihnen ziehn.
Über Berge, Land und Meer,
einfach mal kurz dem Alltag entfliehn.

MEIN LETZTER WUNSCH

Ich wünsche mir in meiner letzten Stunde,

liebe Menschen um mich, in angenehmer Runde.

Eine Hand, die meine in sich legt,

einen Geist, der keinen Groll mehr hegt.

Einen Mund, der nur die Wahrheit spricht,

ein Herz das rein ist und voll Licht.

Tränen dürfen ehrlich fließen,

mit Gebeten wollen wir die Engel begrüßen.

Wenn diese Menschen sich nach meinem Ableben in Gedanken noch mit mir befassen,

mir einen Platz in ihren Herzen lassen,

binden sie mich noch liebevoll in ihre Gespräche ein,

so werde ich gestorben und doch noch lebendig sein.

VERLORENE HEIMAT

Heimat, das war einst dein Land.

Heimat ist heute durch Kriegswirren verbrannt.

Heimat, das war deiner Kindheit unbeschwertes
Glück.

Heimat, du kannst nicht mehr zurück.

Heimat, das war Brauchtum und Tradition,

Heimat war gleiche Sprache und Religion.

Heimat, das war dein ganzer Stolz.

Heimatrest, ist heute ein kleines Messer aus Holz.

Heimat war das Vieh im Stall.

Heimat waren die Berge und des Donners Hall.

Heimat waren der Mond und leuchtende Sterne,

Heimat findest du nicht in fremder Ferne.

Heimat, das waren der Menschen fröhliche Lie-
der,

Heimat verloren, du siehst sie nie wieder.

Heimatverlust, das sind grausame Schmerzen.

Heimatbild bleibt tief drin, in deinem Herzen.

BEI DEN WALDGEISTERN

Im tiefen Walde ganz versteckt
hab ich ein Waldgeisterhaus entdeckt.
Neugierig pirschte ich mich heran
wollte mal sehen, was ich hier so entdecken kann.
Winzig klein in den Fuß eines alten Baumstammes war es gebaut,
ich staunte sehr, denn laut zu rufen habe ich mich nicht getraut.
Das Haus war mit viel Raffinesse gemacht
und ich fragte mich, welcher Bauherr hat sich dies erdacht?
Es war allerdings keines der kleinen Wesen im Haus,
so lief ich noch zum nahegelegenen Bach hinaus.
Der kalte Wildbach, plätschernd zog er hier vorbei,
meine Uhr zeigte bereits auf halb drei.
Ich baute mir eine Angel, zog aus dem Bach einen Fisch
und legte diesen den Waldgeistern auf ihren kleinen steinernen Tisch.

Dieser war, umringt von Felsenstücken

so niedrig, ich musste mich tief runter bücken.

Da plötzlich ertönte leises Singen,

gerade so, als würde Wind durch Farne und Blätter klingen.

Neugierig kamen die Wichte heran

und fragten sich, wer ihnen den Fisch auf den Tisch getan.

Ich rief" ich wollte euch eine Freude bereiten,

mit dem Fisch nach euren Arbeitszeiten."

Verwundert kamen sie zu mir heran,

betrachteten mich interessiert und sagten dann:

"Du Mensch kannst es ja nicht wissen.

Wir ernähren uns nur von moosigen Kissen.

Ab und an gibt's ein heilend Kraut,

für Fisch und Fleisch sind wir nicht gebaut.

Doch komm, sei heute unser Gast

und iss selbst, was du für uns gefangen hast."

Einträchtig saßen wir dann lange noch in froher Runde,

gesellig und schön bis in die späte Stunde.

Etwas Wichtiges haben sie mir dann noch mitgegeben,

dies betrifft unser aller Zusammenleben:

Bedenke Mensch, willst du die Waldgeister besuchen,

lass dein Essen zu Hause und auch den Kuchen.

Lass Abfälle nicht im Walde liegen,

sonst wirst du nie Waldgeister zu Gesichte kriegen.

Begegne ihnen stets mit viel Liebe und Respekt.

Dann wirst du auch erleben, wie gut ein Waldgeisterknutschekuss schmeckt.

WELLNESS

Als Geschenk bekomme ich von meiner Base
einen Gutschein für eine Wellnessoase.

Das Hotel liegt verträumt und empfängt mich so-
gleich:

„Willkommen in Kleopatras Reich".

Alles ist sehr vornehm was ich sah,

mein Zimmer traumhaft, auch Fernseher und Mi-
nibar da.

Das Frühstück beginnt mit Muesli und Schrot,

warmes Wasser und Tee erweitern das Angebot.

Zum Mittag Salate und ne Suppe vorweg,

hilft beim Abnehmen und Rausschwitzen von
Körperdreck.

Matetee und Hüttenkäse zum Abendessen

lassen mich meine Gier auf Schokolade verges-
sen.

Zwischen dem Essen und festen Zeiten

heißt es in den Pool zu gleiten.

Danach kommt ein Saunagang mit kaltem Guss,

eine entspannende Massage noch zum Schluss.

Zwischendrin pediküren und lackieren,

nur keine Zeit beim schöner werden verlieren.

Kneipen, Gymnastik, meditieren,

maniküren, pudern, Dekoltee massieren.

Peelings werden aufs Gesicht gebracht,

mit Ampullen im Wechsel, weil das jünger macht.

Im Frühtau barfuß durch kaltes Gras,

man sagt es sei gesund und mache Spaß.

Am Tag 3 schwindet meine Motivation,

ich wollt, ich wäre zu Hause schon.

Seh' Nudeln vor mir, mit Käse überbacken,

Schokoladenriegel mit Erdnusszacken.

Ich will mich nicht kasteien, lieb mich wie ich
bin,

mit Falten zwar, doch glücklich.

Das ist ab jetzt mein Verständnis von Schön-
heitssinn.

DIE ALTE EICHE

Es hat sich eine alte Eiche,
platziert auf einem Feld.
Für mich ist sie die Schönste
aller Bäume auf der Welt.

Wie eine Königsmajestät
erhaben, prachtvoll, stolz.
Präsentiert sie dicke Äste
und warmes Rindenholz.

Ich lehne mich an ihren Stamm,
verweile oft an diesem Ort.
Danke ihr für Umarmung
und Verzauberung, ohne ein Wort.

Ich weiß, dass sie mich stets versteht,
egal was ich ihr sage.
Sie ist mein Zufluchtsort
für meine alten Tage.

Sie zeigt mir ohne Wissen,
wie sinnvoll es doch ist.
Wenn der Mensch nur feste verwurzelt
in jeder seiner Krisen ist.

VERBOTENE LIEBE

Ihr lerntet euch kennen,
euch gegenseitig achten.
Machtet Reisen ans Meer,
die euch zusammen brachten.

Zunächst war es nur Schwärmerei.
Du dachtest noch, das geht vorbei.
Er war so stark, stand mitten im Leben,
und du hast ihm all deine Bewunderung gegeben.

Deine Sorgen konntest du ihm stets erzählen,
aber euer Schicksal konntet ihr nicht wählen.
Ihr wolltet die Welt aus den Angeln heben,
wolltet merken „Das ist LEBEN!"

Deine Gefühle waren aus dem Lot,
du lebtest auf, du warst nicht tot.
Doch bald wusstest du, es kommt ein Kind,
und laut schriest du deine Verzweiflung in den
Wind.

Er war zu sehr in seinem Verspechen gefangen,
und schwersten Herzens ist er fortgegangen.

Trotzdem warst du glücklich, wie man es nur einmal sein kann,

du warst eine Frau, aber er ein Priester, und nicht dein Mann.

EIN MAGISCHER PLATZ

Im tiefen Wald find ich eine Quelle,
auch eine Bank steht an dieser Stelle.
Ich setz mich nieder, finde Ruh
und hör dem leisen Rieseln des Wassers zu.
Lauer Wind der säuselt leise,
bunte Blüten tanzen auf ganz eigene Weise.
Hier gibt's bestimmt Elfen und Feen,
schade nur, ich kann sie nicht sehen.
Da ist mir gerade als habe jemand leise gelacht,
während ich noch so über alles nachgedacht.
Dann merke ich, dass auch ohne Wind,
die Blätter der Bäume in Bewegung sind.
Ich schließe meine Augen nehme wahr,
jemand streicht mir über den Kopf und mein
Haar.
Dann läuft eine Kühle über meinen Rücken,
welch selig wohliges Entzücken.
Ich brauch die fleißigen Helfer nicht zu sehn,
weiß ich, dass sie hier um mich versammelt
stehn.

Ich danke ihnen, bin versöhnt,
weil sie mich so wunderbar verwöhnt.
Das glaubst du nicht, dann sag ich dir an dieser
Stelle,
besuche doch auch einmal diese magische Quelle.

FRIEDA

Ich saß im Wald auf einer Bank,
wo ich etwas aß und trank.
Die Sonne schien, ich vergaß die Zeit,
keine Menschen weit und breit.
Ich schloss die Augen, Ruhe kam,
als im Gebüsch ein Geräusch ich vernahm.
Vorsichtig schaute ich herum,
konnte erst nichts entdecken, wie dumm.
Dann sah ich im Unterholz,
das kleine Mufflon, arglos und voller Stolz.
Es spazierte als gehöre ihm die ganze Natur,
von Angst…keine Spur.
Seine großen Augen die braunen,
versetzten mich in Erstaunen.
So hat es mit uns angefangen,
viel Zeit ist seitdem vergangen.
Heute sind wir zwei Freunde, ganz dicke,
es freut sich wie ich, wenn ich es erblicke.
Frieda, so hab ich es genannt,
der Name ist mir ins Herz gebrannt.

Sie ist mir Freund an allen Tagen,
ich darf sie tief im Herzen tragen.
Unsere Verbindung ist ehrlich, auf Freude ge-
baut,
weil ich dem Tier und das Tier mir absolut ver-
traut.

DIE WALDLUFT

Die Waldluft ist's, die für das Herz
Medizin ist in der Stille.
Sie wirkt auch auf Hormone ein,
ist besser als jede Pille.

Auch dem Kopfe tut sie gut,
macht ihn frisch und frei.
Belebt die Venen und das Blut,
öffnet Sinne zu Vogel Melodei.

Rasch behoben sind Malessen,
die Nase frei und froh der Sinn.
Alles ist ganz schnell vergessen,
wenn ich erst im Walde bin.

Brauch keine Tabletten oder Tinkturen,
denn das eine sag ich dir.
Ich wandle auf Gesundheitsspuren,
wenn ich durch den Wald marschier.

AUF DEM BERG

Vom hohen Berg schau ich ins Tal,
seh bunte Wiesen und den Wasserfall.
Hör hier der Vögel Melodei,
fühl mich frisch und fühl mich frei.

Käfer vor den Füssen krabbeln,
Menschen, die im Wald laut babbeln.
Hunde in der Ferne bellen,
Mücken sich zu mir gesellen.

Pusteblumen, Margeriten,
Butter und Glockenblumen lassen bitten,
dass das Aug sich ihrer erfreut.
Welche Freude, Frühlingszeit!

Zartes Grün an allen Bäumen,
Rapsfelder goldgelb überschäumen.
Aufbruchstimmung, wunderbar,
welch ein Wunder, das ich sah.

IDYLLE AM BACH

Entspannt lieg ich an einem Bach
und träume in der Sonne.
Seh Amseln und auch Schwalben nach,
welch schöne Seelenwonne.

Bienen summen auf der Wiese,
Sonne bricht im Wasser sich.
Entspannung, Ruhe, Frieden, eben diese,
erheben in höhere Sphären mich.

Kleine Wolkenschleier schmücken,
über mir das Himmelszelt.
Selbst die kleinen Wassermücken,
sind heut friedlich eingestellt.

Ich genieße die Idylle,
hier am Bach, in der Natur.
Seelenjubel in der Stille,
Sommerfreudenfeeling pur.

DIE ROSE

In meinem kleinen Garten,
gar viele Blumen blühn.
Doch sie, die stolze Rose,
ist ganz besonders schön.

In tiefer roter Farbe,
entfaltet sie all ihre Pracht.
Sie ist die stolze Rose,
meine Königin der Nacht.

Zum Schutz vor schnellem Schneiden,
hat sie gar viele Dorn.
Es ist die stolze Rose,
die mein Herz hat auserkorn.

Kommt meine letzte Stunde,
ich nur eine Bitte hab.
Stellt mir die stolze Rose,
zum Abschied auf mein Grab.

LASS UNS EINANDER ENGEL SEIN

Lass uns einander Engel sein,
hier auf dieser Welt.
Dann ist keiner ganz allein,
niemand auf sich selbst gestellt.

Sorgen würden stets halbiert,
jeder Mensch fände Gehör.
Jemand nähme dich in den Arm,
den Nächsten lieben ist nicht schwer.

Lass uns einander Engel sein,
hier auf dieser Welt.
Dann ist keiner ganz allein,
niemand auf sich selbst gestellt.

Vorausschauend zu leben,
die Not des Nächsten sehn.
Um rückwärts blickend zu sagen,
mein Leben war wichtig und schön.

Lass uns einander Engel sein,
hier auf dieser Welt.
Dann ist keiner ganz allein,
niemand nur auf sich gestellt.

Würde allen mehr Liebe zuteil,
hielt der Friede hier auf der Erde.
Darum lasst uns einander Engel sein,
dass es ein Paradies einmal werde.

WÜNSCHE UND GEDANKEN EINER MUTTER AN IHR KIND

Lebe dein Leben entgegen allen Bedenken,
es kann dir so viel Schönes schenken.
Stecke dir immer ein Ziel und glaube feste daran,
dass alles Wahrheit werden kann.
Versuche nie das Glück zu halten,
es begegnet dir in vielerlei Gestalten.
Sei unbeirrt und fühle dich beschützt,
du bist WICHTIG und dein Erdensein nützt.
Hilf wenn jemand Beistand braucht,
gönn dir Ruhe und Muße, bevor deine Kraftre-
serven sind verbraucht.
Vergiss nie, wenn im Erfolg du dich sonnst,
dein Elternhaus und woher du kommst.
Strebe nicht nach immer mehr Geld,
nur weil der Kopf sagt, es sei das Höchste auf der
Welt.
Schätze und achte helfende Hände,
sei immer du selbst, auch außerhalb deiner vier
Wände.
Erhalte dir deinen Stolz und mache dir klar,

nichts bleibt so, wie es mal war.

Hast du dunkle Tage, begegnest Missgunst und Neid

sei gewiss, es ist für dich eine Lernerfahrung in deiner Lebenszeit.

Glaube feste, dass die Liebe die dich erschuf und kreiert,

in dir wohnt, wächst und dich führt.

So geh nun hinaus mein Kind, übe das Leben.

Dies sind meine Ratschläge, die ich dir gerne gegeben.

ICH WÜNSCHE DIR EINEN ENGEL

Ich wünsche dir einen Engel,
der dich begleitet jeden Tag.
Der dich beschützt und leitet,
egal, was auch kommen mag.

Ich wünsche dir einen Engel,
der mit dir geht durch diese Zeit.
Der seine Flügel um dich spannt,
und dich bewahrt vor bitterem Leid.

Ich wünsche dir einen Engel,
der sanft dein Herz berührt.
Der dich die große Liebe spüren lässt,
die dich durchs Leben führt.

Ich wünsche dir einen Engel,
des Nächsten Leid zu sehn.
Der dir die Gewissheit gibt,
du wirst deinen Weg nie alleine gehn.

Ich wünsche dir einen Engel,
der das Kind in dir beschützt.
Und du dir so bewahrst,
was dir im Leben nützt.

Ich wünsche dir einen Engel,
um dir auch Muße anzutun.
Um Kraft zu tanken und Frieden,
und in guten Gedanken zu ruhn.

Ich wünsche dir einen Engel,
zu lieben und zu vergeben.
Denn das sind die höchsten Ziele,
in einem Menschenleben.

Ursula Burckhardt wurde 1955 geboren und lebt heute an der Mosel. Bevor sie ihr Talent des Schreibens entdeckte, erlernte sie den Beruf der Krankenschwester.

In diesem Band findet der Leser eine Auswahl an Gedichten über die Natur im Frühling und Sommer, das Leben, Lebensstationen, aber auch über die Liebe.

Damit möchte die Autorin Menschen Freude machen, an das Gute im Leben zu glauben und die Hoffnung daran nicht aufzugeben.

Besuchen Sie mich gerne auf meiner Homepage:

www.ursula-burckhardt.de